www.tredition.de

AF185447

Anke Scheibel

95 neue Thesen >zur Fürsorge von Kindern<

Reformation der gesellschaftlichen Denkweise im Blick auf Kinder

www.tredition.de

© 2019 Anke Scheibel

Verlag und Druck: tredition GmbH, Halenreie 40-44, 22359 Hamburg

ISBN
Paperback: 978-3-7497-0318-0
Hardcover: 978-3-7497-0319-7
e-Book: 978-3-7497-0320-3

Das Werk, einschließlich seiner Teile, ist urheberrechtlich geschützt. Jede Verwertung ist ohne Zustimmung des Verlages und des Autors unzulässig. Dies gilt insbesondere für die elektronische oder sonstige Vervielfältigung, Übersetzung, Verbreitung und öffentliche Zugänglichmachung.

95 neue Thesen aus

der Lutherstadt Wittenberg

>zur Fürsorge von Kindern<

Reformation einer gesellschaftlichen Denkweise
im Blick auf Kinder

Vor 500 Jahren sprach Luther:

„Bei den Kindern muss angefangen werden,

wenn es im Staate besser werden soll"

Vorwort

Liebe Mama, lieber Papa, liebe Oma, lieber Opa,

liebe Interessierte, liebe Weltretter,

liebe Amtsmitarbeiter, Richter, Anwälte, Lehrer,
Gesetzgeber............

„95 neue Thesen" sind mit Blick auf die Zukunft entstanden, um eine althergebrachte und menschen"kind"unwürdige gesellschaftliche Denk- und Sichtweise abzulösen und zu reformieren.

Dem Gros unserer Gesellschaft ist das „Leben", der Mensch, Menschlichkeit, Emotionalität sowie das Warum und Weshalb bin ich hier, noch sehr unvertraut.

Einem Teil unserer Gesellschaft sprechen die Thesen jedoch sehr sicher aus dem Herzen.

Menschen mit Empathie, Intuition, gelebtem Selbstwert, dem Bewusstsein um das Wesen einer Kinderseele, Menschen, welche sich Kindern annehmen und niemals schauen, woher es kommt.

1972 geboren, wusste ich als Kind schon, dass es Dinge gibt, welche Kindern nie zugefügt werden dürfen.

Die „Zeiten" waren damals so, jedoch begegnete ich über die Jahre immer wieder, tlw. landstrichweise gehäuft, Kindesmisshandlungen. Zwar werden wohl die körperlichen Misshandlungen weniger, dafür bleiben seelische Misshandlungen weitgehend unbe- und erkannt.

Ich erlebte schwere seelische Misshandlung an Kindern. Kinder wurden/werden noch heute seelisch angegriffen – beleidigt, gedemütigt und eingeengt.

Ich erlebte, dass sich weder die Mitarbeiter des zuständigen Jugendamtes, darunter Sachgebietsleiter und Sozialdezernent, Richter am Amtsgericht, Staatsanwälte und der Senat eines Oberlandesgerichts in dem BEWUSSTSEIN befinden, WAS ist Kindeswohlgefährdung, WAS ist häusliche Gewalt und WO fängt sie an.

Ich erlebte außerdem, dass Gesetze zum Kindeswohl, zB. § 1631 BGB, von Staatsanwaltschaften negiert werden. Strafanzeigen werden abgelehnt. Ein junger Mann, welcher 12 Jahre unter der seelischen, geistigen und körperlichen Gewalt seines Stiefvaters litt, wurde, nachdem er gerichtlich dagegen vorging und Zeugenaussagen die Gewalt bestätigten, von den Gerichten weiterhin mit Negierung gedemütigt.

Meine eigene innere Stärke und Kraft ließen mich nie aufgeben, über Kindeswohlgefährdung und häusliche Gewalt selbst vor diesen Behörden zu referieren, mich zu engagieren und meinen Kindern innere Stärke und das Bewusstsein ihres Selbst, mitzugeben.

Die „95 Thesen" dürfen Anregung, Anhaltspunkt, Leitfaden, Diskussionsgrundlage, neue Gesetzesgrundlage, auf alle Fälle jedoch eine Grundlage für ein gesellschaftliches Umdenken sein.

Gern dürfen aus den „95 Thesen" Referate entstehen, sehr gern Diskussionen.

Das Erlebte war eine seelische Reifeprüfung, eine Ent-wicklung und heute coache ich Menschen in den verschiedensten Lebenssituationen. Unter anderem arbeite ich mit NLP (neuro-linguistisches Programmieren), Wingwave, Emotion-Sync und systemischen Aufstellungen. Und immer mit positiven Energien.

Außerdem als Verfahrensbeistand für Kinder.

Ich darf auch darauf hinweisen, dass zum heutigen Zeitpunkt immer noch Ausnahmen die Regel jeder einzelnen These bestätigen.

Individualität ist darüber hinaus sehr wichtig. Für jedes Kind und für jede Familie.

95 neue Thesen

>zur Fürsorge von Kindern<

1 Ein Kind ist ebenso ein Mensch wie ein Erwachsener

Dem gesellschaftlichen Bewusstsein fehlt immer noch die Vorstellung, dass ein Kind der gleiche Mensch ist wie ein Erwachsener, jedoch nur kleiner.

2 Die Seele eines Kindes ist um ein Vielfaches sensibler als die des Erwachsenen und bedarf besonderen Schutzes

Theoretisch kommt ein Kind ohne psychische Belastungen und seelisch frei zur Welt. Dies sollte auch jederzeit erhalten und beschützt werden, da dies zur Persönlichkeitsentwicklung wichtig ist. Erwachsene Seelen sind in großen Teilen aus der Vergangenheit belastet, geprägt und verformt.

3 Stiefkinder sind eigenen Kindern gegenüber ohne Unterschied und in jeder Hinsicht ebenbürtig zu behandeln

Ein Kind ist ein Kind, egal aus wessen Fleisch und Blut. Nie kann ein Kind dafür, wenn sich Eltern trennen. Elternteile, welche Stiefkinder benachteiligen oder ablehnen, sind der

Liebe des Kindes unwert, denn das Kind kommt immer in Liebe auf Erwachsene zu. Bei Ablehnung eines Kindes dürfen eigene Themen aufgearbeitet werden.

4 Ein Kind kommt immer „richtig" auf die Welt

Ein Kind kommt im Normalfall immer mit bedingungsloser Liebe und ohne Vorurteile auf die Welt.

Es bringt einen eigenen Charakter, Prägungen und Neigungen > eine eigene Persönlichkeit< mit.

5 In den Anlagen und im Unterbewusstsein eines Kindes sind bei Geburt schon Informationen der vorherigen Generationen gespeichert, sodass ihr Wesen bestimmt ist

Das Wesen bestimmt die eigene Persönlichkeit eines jeden Menschen. Erbanlagen, mitunter aus vielen Generationen, werden mitgegeben und das Kind dementsprechend von den Eltern akzeptiert und angenommen werden.

6 Jedes Kind wird mit seinen ihm eigenen besonderen Fähigkeiten und Kreativität geboren

Jeder Mensch wird wahrhaftig individuell mit eigenen Fähigkeiten und eigener Kreativität ausgestattet, bevor er auf die Welt kommt. Diese gehen jedoch verloren oder werden im Laufe der Kindheit verbogen, wenn Eltern ihrem Kind ihr eigenes Leben überstülpen und es nicht so annehmen und respektieren, wie es ist. Viele Menschen finden erst im Erwachsenenalter zu ihrer wahrhaftigen Identität zurück.

7 Körperlicher, seelischer und geistiger Missbrauch am Kind bedeuten Kindswohlgefährdung und stehen in hohem öffentlichen Interesse

§ 1631 (2) besagt: „Kinder haben ein Recht auf gewaltfreie Erziehung. Körperliche Bestrafungen, seelische Verletzungen und andere entwürdigende Maßnahmen sind unzulässig." Gesellschaftlich noch weitgehend unbekannt, sollte der Paragraph jedoch für die Zukunft eine größere Bedeutung bekommen. Gewalt, egal in welcher Form, bricht häufig das Bewusstsein und stört die Persönlichkeitsentwicklung.

8 Seelischer Missbrauch bedeutet: Anschreien, ausschimpfen, verbieten, erpressen, einschüchtern, beleidigen, drohen, Angst machen, Kontakt zu Freunden und Familie verhindern

Wer Kindern in irgendeiner Weise seelischen Schaden zufügt, bittet selbst um Hilfeangebote und darf an sich arbeiten, bevor er auf Kinder übergriffig wird. Ein heute noch gängiges Thema ist Hausarrest > bedeutet nur die Hilflosigkeit des aussprechenden Erwachsenen dem Kind gegenüber. Nach Trennungen werden Kinder heute noch von Elternteilen und deren Familie durch das jeweilige Gegenüber getrennt, weil eigene Persönlichkeitsprobleme auf das Kind übertragen werden. Das Kind hat jedoch damit nichts zu tun. Für Erpressung steht „wenn du nicht das machst, was ich sage, dann…" Dies bedeutet auch übergriffige Macht.

9 Seelischer Missbrauch ist noch übergriffiger und gefährlicher wie Schläge und sollte bedeutendere Beachtung finden

„Der Körper vergisst, die Seele nie." Auch wenn blaue Flecke oder gebrochene Rippen irgendwann verheilt sind > die seelischen Wunden brauchen eine Ewigkeit zur Heilung und sind gespeichert im Unterbewusstsein. Ohne wirkliche Verarbeitung begleitet seelischer Missbrauch ein Leben lang.

10 Jeder Erwachsene ist für den Schutz jeden Kindes verpflichtet

Wahrhaftig Jeder Erwachsene ist, egal um welches Kind es sich handelt, um dessen Schutz verpflichtet.

Der Satz „Das geht mich nichts an" hat gesellschaftlich immer noch eine sehr hohe Bedeutung, jedoch ist dies falsch.

11 Wegschauen bei Kindesmissbrauch, gleich welcher Art, heißt mitzumachen und zu unterstützen

Wer wegschaut bei Kindesmisshandlung, vielmals als Nachbar oder Freund oder auch als Amtsperson, unterstützt den Misshandelnden und macht sich strafbar.

12 Kinder sind das Geschenk einer Beziehung zwischen Mann und Frau und sollten wie ein Geschenk behandelt werden

Ein Geschenk ist etwas Besonderes und jedes Kind ist etwas Besonderes.

13 Kinder haben einen eigenen Willen, den es gilt, zu lenken und nie zu brechen

Gesellschaftlich hoch verbreitet ist es heute noch „gute Sitte", Kindern ihren eigenen Willen und somit die Persönlichkeit zu brechen. Daraus entstehen Hass und Unverständnis anderer gegenüber. Erinnerung > Kinder sind auch Menschen wie Erwachsene. Nur kleiner und jünger. Jedoch genauso mit eigenen Fähigkeiten, eigenem Wesen und eigenem Willen.

14 Jedes Kind weiß ab der Geburt selbst, was es braucht – es muss nur richtig erkannt werden

Kinder können sich ab der Geburt sehr gut selbst ausdrücken. Das richtige Erkennen liegt beim Erwachsenen. Kinder wissen immer, was und wen sie brauchen – solange es ihnen gewährt wird.

15 Die Mutter ist die wichtigste Person im Leben eines Kindes

Wandel ist gut, jedoch dürfen auch im gesellschaftlichen Wandel Naturgesetzliche Gegebenheiten nie aus den Augen verloren werden. Die Natur sah es vor, eine Frau Kinder austragen und gebären zu lassen. Dies bedeutet schon eine sehr enge Bindung zwischen Mutter und Kind v o r der Geburt. Nimmt man einem Kind die Mutter als wichtigste Bezugsperson > der Mann, die Familie, Ämter – wird psychosomatisch größtmöglicher Schaden beim Kind angerichtet > wohlgemerkt, vielmals durch fremde Personen.

Eine Mutter hat überall und in jeglicher Hinsicht eine sehr große Bedeutung.

16 Die Wurzeln, welche ein Kind (Mensch) braucht, um mit beiden Beinen in seinem eigenen Leben stehen zu können, heißen: Mutter und Vater

Zumeist kennen Kinder ihre Mutter, manchmal jedoch nicht ihren biologischen Vater. Dieser ist jedoch sehr wichtig für das Kind, denn es ist die 2. Wurzel, aus der das Kind kommt. Ein Baum kann gerade wachsen, wenn er von beiden Seiten Wurzeln hat, sonst fällt er um. Egal, wer das Kind letztendlich umsorgt und begleitet, die biologischen Eltern sollte das Kind kennen.

17 Kinder brauchen Mutter und Vater – auch wenn sich Eltern trennen

„Trennung" von Elternpaaren darf auch einen gesellschaftlichen Wandel durchleben. Nirgendwo steht geschrieben, dass man als Eltern immer zusammenbleiben muss, denn: Jeder Mensch entwickelt sich anders. Wichtig ist jedoch, dass Kindern immer beide Elternteile zur Verfügung stehen bleiben.

18 Das Wort „Erziehung" steht für Missbrauch und darf gegen das Wort „Fürsorgepflicht" im deutschen Sprachgebrauch ausgetauscht werden

In dem Wort „Erziehung" steckt das Wort „ziehen". Man zieht am Kind. Es steht für Macht. Ich mache dich so, wie ich es will. Erziehung verbindet mit Strenge. Mit Gewalt. Mit Missbrauch. Mit Um-erziehung.

Fürsorge dagegen beschreibt „ich sorge für dich" und begleite dich liebevoll in dein Leben.

19 Beide Elternteile haben ihrem Kind gegenüber die Fürsorgepflicht

Beide Elternteile dürfen das Kind liebevoll umsorgen. Die Betonung liegt gern auf -liebevoll-. Auch nach Trennungen dürfen beide Elternteile für ein Kind da sein.

20 Ein Kind darf nie zugunsten eines Elternteils von dem selbigen oder anderen Personen seelisch manipuliert werden

Egal, ob Trennung oder nicht – wenn ein Elternteil ein Kind zu seinen Gunsten manipuliert, das heißt, so dass das Kind dadurch dem anderen Elternteil abgeneigt wird oder sogar aggressiv, liegt beim manipulierenden Elternteil selbst eine seelische Störung vor.

21 Eltern dürfen sich als Begleitperson ihrer Kinder betrachten von der Geburt bis hin zum Erwachsensein

Ein Kind ist nie der Besitz seiner Eltern. Ein Kind ist eine eigenständige Persönlichkeit von Geburt an. Eltern begleiten ein Kind, von der Geburt bis es den Haushalt verlässt, möglichst belastungsfrei durch sein Leben.

22 Eltern begleiten ihre Kinder durch verschiedene Phasen des Lebens

Jeder Mensch geht von der Geburt bis zu seinem Lebensende durch verschiedene Phasen seines Lebens, auch Erwachsene. Eltern sind die Begleitpersonen ihrer Kinder.

23 Jede Lebensphase eines Kindes darf beidseitig so angenehm wie möglich gestaltet werden, ohne Druck durch Erwachsene

Normal werden Neugeborene bis in das Kleinkindalter so angenommen, wie sie sind. Liebe und zumeist Verständnis von beiden Seiten. Ab dem Kleinkindalter fängt das Verbiegen der kleinen Persönlichkeit nach dem Willen des Erwachsenen an. Dagegen sträubt sich die junge Seele, Unverständnis, Unbill, seelische Gewalt und Verbote sind dagegen wiederum die Antwort des Erwachsenen. Jedes Kind, jede Seele, durchläuft einen individuellen Reifeprozess.

Pubertät wird den Kindern als schwierige Phase vorgeworfen – dies ist ein gesellschaftliches Missverständnis. Die Einzigen, die in jener Phase schwierig sind, sind verständnislose, unempathische Erwachsene, welche mit ihrer eigenen Persönlichkeit im Unfrieden sind.

24 Für Kinder darf jederzeit genügend Zeit eingeräumt und verplant werden

Kinder brauchen für Einiges, da sie sich in Lernprozessen befinden, sehr viel mehr Zeit wie ein Erwachsener. Außerdem ist die Aufnahmefähigkeit der Sinne noch ausgeprägter und uneingeengt, sodass bei ganz alltäglichen Dingen das nahe Umfeld mit einbezogen wird, sehen, staunen, riechen, hören. Erwachsene dürfen für Termine oder Vorhaben zu verschiedenen Zeitpunkten den Kindern deswegen genügend Zeit einräumen, diesen vorgegebenen Zeitpunkt in Ruhe erreichen zu können,.

25 Kinder stehen unter Druck, wenn Erwachsene Druck machen

Druck erzeugt Gegendruck. Z.B. Zeitdruck von Erwachsenen wird allzu gern auf das Kind umgelegt. Das Kind ist niemals in der Lage, dies zu erfüllen. Die Ursache liegt beim Erwachsenen.

26 Der bewusste oder unbewusste negative Zugriff auf die Seele eines Kindes kann den Bruch der Persönlichkeit zur Folge haben

Der eigene Frust eines Erwachsenen, wenn er sich in Schuldzuweisungen, Beschimpfungen, Demütigungen oder aggressivem Verhalten gegenüber dem Kind offenbart, kann dazu führen, das das Kind, welches Liebe in sich trägt, anfängt zu hassen (Verlust der Selbstliebe) und in geeigneten Momenten die gleichen Frustreaktionen zeigt. Meist bewusstes Abreagieren am Kind.

Durch den Verlust der Selbstliebe werden auch Selbstwert und Selbstachtung abgebaut.

Willensübertragung von Erwachsenen auf ein Kind, nur aus eigenem Erleben heraus bzw „aus dem Kind muss etwas werden“, bedeutet den Persönlichkeitsbruch des Kindes. Unbewusstes Verhalten Erwachsener.

27 Ein Kind darf weder seelisch, geistig noch körperlich von Erwachsenen angegriffen werden

Die gesellschaftliche Denk- und Sichtweise entfernt sich langsam von körperlichen Übergriffen auf Kinder, jedoch steht einer wertschätzenden und respektierter Persönlichkeitsentwicklung von Kindern die demütigende und beleidigende seelische und geistige Übergriffigkeit „Erwachsener" entgegen.

28 Das seelische Wohlbefinden steht an erster Stelle für die Persönlichkeitsentwicklung eines Kindes

Die Seele, das „Ich", die Intuition, das Bauchgefühl. Kinder verlieren ihre ureigene Intuition, ihr Urvertrauen, ihre Persönlichkeit, wenn ihnen permanent der Wille Erwachsener aufgezwungen bzw. die generationsübergreifende „Erziehung" gelebt wird. Die Seele eines Kindes darf freigehalten werden von den Belastungen anderer.

29 Ein Kind darf nie angeschrien oder mit Beschimpfungen und Beleidigungen unter Niveau behandelt werden

Dies beeinflusst sein Selbstwertgefühl negativ, bis hin zum Verlust. Einem Kind, welches angeschrien, gedemütigt und beleidigt wird, wird der eigene Wert, das Bewusstsein, wer bin ich und was kann ich, genommen.

Erwachsene, welche sich durch aggressives Verhalten gegenüber Kindern äußern, sind selbst auf der Bewusstseinsebene eines Kindes stehengeblieben durch eigene negative Erfahrungen. Sie übertragen ihre Probleme in die nächste Generation.

30 Ein Kind kann Respekt Anderen gegenüber nur entwickeln, wenn es mit Achtung, Ehrlichkeit und Würde wertgeschätzt wird

Achtung, Würde und Respekt kann ein Mensch nur weitergeben, wenn es in ihm selbst, sich selbst gegenüber, vorhanden ist. Innere Werte entstehen aus dem eigenen Selbstwert. Aus Selbstachtung, eigener Würde und eigenem Respekt sich selbst gegenüber. Dies bezeichnet eine hohe Bewusstseinsebene.

Ein Kind darf, egal welcher Herkunft und Gesinnung, so, wie es ist, als gleich-wertiger und wert-voller Mensch seines Wertes geschätzt werden.

31 Probleme und Missverständnisse der Eltern mit Familienangehörigen, Freunden, Bekannten, Fremden etc. dürfen nie auf ein Kind übertragen werden, denn es sind nie die Probleme der Kinder

Haben Erwachsene Meinungsverschiedenheiten, Probleme, Ängste, Wut etc. gegenüber anderen Menschen, so ist dies IMMER jeweils deren eigenes Problem, welches eigen bearbeitet werden darf.

Die Übertragung z.B. durch „du gehst dort nicht mehr hin, weil ich die nicht leiden kann…", versteht ein Kind nicht, da es ja selbst kein Problem mit dem Gegenüber hat.

Dies tritt evtl. gehäuft bei Trennungen auf, wo Familien durch den Zwist der Erwachsenen gespalten werden und Kinder von Großeltern, Geschwistern und anderen Verwandten getrennt werden.

32 Persönliche Probleme und Ängste eines Erwachsenen/Elternteil dürfen nie auf das Kind übertragen werden

Kinder haben kaum Ängste, seltenst schon eigene Probleme und Belastungen. Sie werden normal seelisch frei geboren, bekommen jedoch im Laufe ihrer Kindheit eine Menge übergestülpt, deren Belastung sich im späteren Leben als Blockaden, Angst, Stress usw. zeigt.

33 Ein Kind weiß immer selbst am besten, Wer oder Was ihm gut tut

Kinder haben ein ureigenes Gespür für Alles, was ihnen guttut oder nicht. Dies fehlt vielen Erwachsenen. Aus diesem Grund werden Kinder gezwungen, Dinge zu tun oder mit Menschen zusammen sein zu müssen, was sie ureigens ablehnen. Die ureigene Wahrnehmung ermöglicht es Kindern, schon entscheiden zu können, was möchte ich und was möchte ich nicht. Dies anzunehmen als Erwachsener beruht auf Wertschätzung.

Kinder haben das Recht auf Selbstbestimmung.

34 Erwachsenenthemen, vor allem während der Trennungszeit, haben nie in Kinderohren Platz

Häufig schon im Alltag besprechen Erwachsene auf ihrer Ebene bzw. der Elternebene Dinge, welche eine seelische Belastung, wenn es die Kinder denn hören, für die Kinder sein kann. Geldthemen, Partnerthemen, Sexualthemen etc. Im Unterbewusstsein eines Kindes wird alles gespeichert.

35 Kinder haben das Recht, die jeweilige Phase ihrer Entwicklungsstufe auszuleben

Dem gesellschaftlichen Bewusstsein nach haben sich Kinder nur unterzuordnen. Das Leben eines Kindes beginnt jedoch weit vor seiner Geburt. Selbst im Mutterleib erleben Kinder schon verschiedene Entwicklungsstufen. Dieses Recht wird ihnen ca. nach dem 1. Lebensjahr genommen, indem sie die Rolle einer Funktion innerhalb der Unterordnung übernehmen müssen. So bleiben tlw. Entwicklungsphasen unausgelebt, welche sich im Erwachsenenalter psychisch wieder zeigen.

36 Das Erleben der Fürsorgepflicht während der Entwicklungsstufen der Kinder bezieht sich immer auf die Einstellung und Sichtweise des Elternteils, es ist immer so erfolgreich, wie es sich die Eltern selbst gestalten

Geduld, Gelassenheit, Ruhe, Ausgeglichenheit, Toleranz, eigene Wertschätzung, Würde, Respekt, Selbstreflexion und Achtsamkeit sind Tugenden Erwachsener mit entsprechender Reife, welche sich jederzeit mit diesen Tugenden auf Kinder einlassen und ihnen ein angenehmes und verständnisvolles Miteinander bieten können.

37 Kinder sind nie die Diener ihrer Eltern

Wieder kommt hier das gesellschaftliche Bewusstsein zum Tragen. Kinder müssen machen, was die Eltern sagen. Z.B. der Satz: „Solange du deine Füße unter unseren Tisch steckst, machst du, was wir sagen" ist längst überholt, greift jedoch noch zu häufig. Hier fehlt die Wahrnehmung von Mensch zu Mensch. Der § 1619 BGB ist gesellschaftlich untragbar und sollte gestrichen werden.

38 Eltern haben das Recht, alle Aufgaben selbst auszuführen, welche sie ohne ihre Kinder ohnehin hätten

Bevor Kinder auf die Welt kommen, müssen Erwachsene auch selbst alle Arbeiten, welche sie sich auferlegen, ausführen. Nach der Geburt und im weiteren Verlauf des Lebens darf sich neu organisiert werden. Kinder kommen mit jeder neuen Phase ihres Lebens in Bereiche, selbst bei verschiedenen Dingen mithelfen zu wollen. Dieser eigene Ansatz darf dann liebevoll ausgebaut werden.

39 Kinder dürfen nie zu Dingen gezwungen werden, möchten sie sich jedoch von selbst einbringen, darf ihre Hilfe angenommen und gelobt werden

Zwang verbiegt. Die Förderung der Eigenmotivation steht im Vordergrund.

40 Goldene Regel: erst loben, dann kritisieren

Eine Kritik macht 10 Lobe zunichte. Vor allem, wenn sie v o r einem Lob angebracht wird. Hinter allem, was ein Kind tut, steht eine positive Absicht, welche erkannt werden darf. Nach einem Lob ist eine Kritik verständlicher und seelisch tragbarer.

41 Immer zuerst den positiven Sinn in Allem entdecken

Egal, was ein Kind tut, es passiert aus positiver Absicht, manchmal auch zum Selbstschutz oder der Aufmerksamkeit wegen. Bevor der Erwachsene evtl. kritisiert, darf er sich selbst hinterfragen.

42 Kinder dürfen nie die Rolle eines Elternteiles übernehmen

Geht aus irgendeinem Grund ein Elternteil aus dem Familiensystem, so darf diese Rolle durch das andere Elternteil nie von einem Kind belegt werden, da es sonst seine eigenen Entwicklungsstufen überspringt.

43 Kinder dürfen nie das Leben ihrer Eltern übernehmen müssen

„So bin ICH erzogen worden und so machen wir das weiter" ist ein längst überholter und untragbarer Satz, weil sich das Leben zwischen den Generationen weiterentwickelt. Kinder dürfen nie dem Willen der Erwachsenen unterlegen sein und das Leben derer wiederholen müssen. Dies zeigt, dass der Erwachsene in seiner eigenen Entwicklung stehen geblieben ist.

44 Altersunterschiede zwischen Geschwistern dürfen vom Erwachsenen beachtet werden

Jedes Kind ist anders. Jedes Kind hat andere Bedürfnisse in jedem Alter.

45 Kinder unter 12 Jahren dürfen nie vor Gerichten auftreten, vor Allem nie in Familienangelegenheiten bei Trennungen der Eltern, allein dies ist seelischer Missbrauch und Kindeswohlgefährdung durch die Behörde

Das Gesetz, durch welches Kinder ab dem 2. Lebensjahr vor Gericht aussagen müssen, bei welchem Elternteil sie zukünftig leben wollen, m u s s gestrichen werden. Ein Kind unter 12 Jahren vor Gericht für solche Aussagen zu laden, bedeutet seelische Kindeswohlgefährdung und ist strafbar. Vor allem im Kindesalter ist die Mutter die wichtigste Person im Leben des Kindes.

46 Bei Trennung der Eltern muss sich das Gericht mit der Persönlichkeit derer auseinandersetzen ohne Einbeziehung von Kindern

Trennungen von Eltern, bei denen des Kindeswohls wegen ein Gericht angerufen wird, sprechen zumeist von sehr unterschiedlichen Bewusstseinsebenen der Eltern und dadurch natürlich auch von sehr unterschiedlichen Ansichten. Trennungen stellen nie eine Abwegigkeit dar, sondern die Gewissheit, das sich zumindest e i n Elternteil in seiner Persönlichkeit weiterentwickelte.

47 Kinder dürfen von dritten Personen nie vor die Wahl Mutter oder Vater gestellt werden

Ob Familienmitglieder, Amtspersonen oder Justiz – die Wahl zwischen Mutter oder Vater ist für ein Kind eine seelische Belastung. Ein Kind kann dies niemals für sich selbst ausfechten. Die erste „Wahl", auch von der Natur so eingerichtet, ist und bleibt die Mutter.

48 Kinder haben das Recht, ihre Bedürfnisse und Interessen offen und frei kund zu tun

Das ist sehr wichtig, um zu erkennen, dass sie vom Erwachsenen wahrgenommen werden. Haben Kinder Angst davor, ihre Bedürfnisse frei auszusprechen, weil sie mit negativen Konsequenzen konfrontiert werden könnten, ist das innere Verhältnis zwischen Kind und Erwachsenen durch den Erwachsenen belastet. Kinder lernen dadurch unrealistische Wahrnehmungen und begeben sich ins Lügen.

49 Nach Trennung der Eltern darf nie ein emotionales, materielles und finanzielles Ungleichgewicht weder für ein Elternteil noch für Kinder entstehen

Dies bedarf bei dem bestehenden gesellschaftlichen Bewusstsein einer enormen Reformation. Bei einer Trennung möchte auch der Elternteil, bei welchem das Kind im Haushalt uneingebunden ist, dem Kind seine Wertschätzung darbringen. Jedoch werden Elternteile durch deutsche untragbare und veraltete Gesetze finanziell immens eingeschränkt, sodass sie selbst ihren Lebensstandard um ein Vielfaches herunterschrauben müssen und somit auch das Kind in der Zeit, in welcher es bei diesem Elternteil ist, materiell und finanziell eingeschränkt wird.

50 Alimente und staatliches Kindergeld stehen dem Kind zu und sollten auf ein eigens dafür eingerichtetes Konto überwiesen werden

Hier bedarf es einer finanziellen Neusortierung. Im Normalfall werden Alimente und staatliches Kindergeld auf das Konto des Erwachsenen, bei welchem das Kind lebt, überwiesen. Dieses Geld verschwindet jedoch zumeist ausnahmslos im täglichen Leben des Erwachsenen. Für Alimente und staatliches Kindergeld sollte es pfändungsfreie Kinderkonten geben, auch einzeln einrichtbar, welche die Kinder später übernehmen können. So kann auch „Kinderarmut" vorgebeugt werden.

51 Beide Elternteile, egal, wo das Kind (auch nach Trennung) seinen gewöhnlichen Aufenthalt hat, müssen zu gleichen Teilen finanziell für das Kind aufkommen können und dürfen

Jedes Elternteil darf seinen finanziellen Bedarf individuell für sich haben und beide Elternteile dürfen zu gleichen Teilen trotz Trennung für das Kind aufkommen. Die momentane gesetzliche Regelung schränkt zumeist ein Elternteil enorm ein und lässt den Anderen hoch leben.

52 Es darf sich nie ein Elternteil an den Unterhaltszahlungen für das Kind bereichern

Zahlungen für den Kindesunterhalt sollten aus diesem Grund auf ein extra geführtes Konto laufen, von dessen z.B. Schul- und Kindergartengelder bezahlt werden können.

Bisher war es so, dass, je mehr ein Elternteil verdiente, der Kindesunterhalt immer höher wurde. Ein Kind braucht, obwohl die Eltern mehr verdienen, nie mehr Unterhalt. Der mehr verdienende Elternteil, meist jener, bei welchem das Kind n i c h t lebt, darf auch entsprechend seinen Ansprüchen weiter leben. Außerdem kommt zu dem monatlichen Unterhalt z.B. auch der eigene Urlaub mit dem Kind bzw. Ferien- und Wochenendunterhalt hinzu. Der Mehraufwand für das zahlende Elternteil ist enorm und untragbar.

53 Ein Kind reagiert immer auf das Verhalten seines erwachsenen Gegenüber, sodass der Erwachsene sein Verhalten hinterfragen muss und nie eine Strafe an das Kind zu richten hat

Wer bestraft, bestraft sich am Ende selbst. Strafen sind nie Teile von Sorgemodulen. Kinder wissen z.T. nie, weshalb sie „bestraft" werden. Wer als Erwachsener eine „Strafe" an Kinder richtet, zeigt dem Kind seine Hilflosigkeit im Umgang mit dem Kind.

54 Ein Erwachsener, welcher sich durch ein Kind provoziert fühlt, ist selbst noch ein Kind

Erwachsen ist man nie allein nur durch äußere Größe, sondern vor allem durch innere Reife. Für einen wirklich erwachsenen Menschen gibt es nie „Provokationen", denn er lebt Gelassenheit, Geduld und Toleranz.

55 Einen, seinem Alter entsprechenden, Erwachsenen kann ein Kind nie provozieren

Wenn die Seele, das eigene Ich, eines Menschen sich im Inneren genauso mitentwickeln durfte, wie das Außen, ist ein Erwachsener seinem Alter entsprechend in einer Reife, welche nie Provokation zulässt. Fühlt sich jedoch ein Erwachsener „provoziert", noch dazu von einem Kind, so zeigt er seine Unreife und seinen Entwicklungsstand.

56 Kinder sind der Spiegel ihres erwachsenen Gegenüber

Kinder lernen durch zuschauen. Kinder fühlen. Um einiges mehr und ausgeprägter wie Erwachsene. Werden sie mit Gelassenheit, Geduld, Toleranz und Fröhlichkeit durch ihr Leben begleitet, spiegeln sie dies durch Ausgeglichenheit, Freude und Positivität wider.

57 Kinder schenken bedingungslose Liebe

Kinder kommen mit bedingungsloser Liebe auf die Welt. Sie sind im Urvertrauen und reagieren intuitiv. Diese Liebe wird gesellschaftlich immer noch von den Eltern missbraucht.

58 Kinder sind nie Konfliktlöser

Wer als Erwachsener z.B. in Trennungssituationen Kinder als Konfliktlöser benutzt, benutzt sie für seine eigenen inneren ungelösten Kindheitskonflikte.

59 Erwachsene, welche meinen, Kinder bestrafen zu müssen, zeigen ihnen ihre eigene Hilflosigkeit

….und Machtstellung. Macht innerhalb eines Familiensystems bzw. Kindern gegenüber bedeutet ein Ungleichgewicht in diesem System.

60 Kinder sind nie die Leibeigenen oder Diener der Eltern

…..werden jedoch immer noch als solche missbraucht. „Hol mal dies", „mach mal jenes" gehört zur Selbständigkeit Desjenigen, welcher es ausspricht. Selten wird die Umkehr respektiert. Der § 1619 BGB beschreibt in einer mittelalterlich gesellschaftlichen Denkweise das Kind als Dienstleister. Dieser Gesetzestext ist unwürdig, weit überholt und sollte gelöscht werden.

61 Kinder dürfen nie als Besitz der Eltern betrachtet werden

Kinder kommen mit einem f r e i e n Bewusstsein zur Welt. Kinder sind von Anfang an Menschen mit einem Selbst-Bewusstsein. Welches ihnen durch Eltern und Umfeld im Laufe der Jahre genommen wird – mit 18 sollen sie jedoch selbstbewusst und erwachsen sein. Ein Trugschluss. Die Unabhängigkeit für ein Kind kann nur gewahrt werden, wenn auch das entsprechende Umfeld innerlich „unabhängig" ist.

62 Obwohl Kinder in eine Gemeinschaft hineingeboren werden und anfänglich bedürftig sind, kommen sie immer als >> freie Menschen<< auf die Welt

Eltern und Erwachsene sind Hilfesteller beim Erlernen von Aufgaben in jeder Phase seiner Entwicklung des Kindes. Ein seelisch freier Mensch erkennt dies. Liebe heißt Freiheit – nie Abhängigkeit. Einem Kind die innere Freiheit für eine eigene Persönlichkeitsentwicklung zu schenken und es trotzdem zu „lenken" und zu lieben – ist Kunst auf hoher Ebene.

63 Jede Lebensphase eines Kindes (Baby, Kleinkind, Kind, Pubertät, Jugend) muss ausreichend ausgelebt und erlebt werden, damit sie abgeschlossen werden kann

Im Leben ist Alles möglich, sogar das scheinbar Unmögliche. Jedes Kind entwickelt sich individuell, erlebt individuell, und lebt auch aus. Wird die Ent-wicklung in den verschiedenen Phasen blockiert, wird dies im späteren Leben wiederholt werden.

64 Alles Unausgelebte und Unabgeschlossene zeigt sich im Erwachsenenalter wieder

Jede Ent-wicklungsphase sollte ausgelebt und abgeschlossen sein, damit sich die Persönlichkeit auch mit zunehmendem Alter weiter ent-wickeln kann. Eine Seele reift ein Leben lang.

65 Kinder dürfen entsprechend ihres Alters frühzeitig auch den Umgang mit Geld erlernen

Nicht nur Taschengeld, sondern auch der Wert von Einkäufen, das Einteilen von Geld, Preise, Angebote usw. können z.B. im Spiel erlernt werden.

66 Kinder legen mehr Wert auf emotionale Fürsorge und die Beschäftigung als auf materielle Dinge

Sich mit einem Kind auf seiner Ebene zu beschäftigen, heißt, ihm Liebe zu geben und es wahrzunehmen. Tägliche Zeit mit ihm zu verbringen ist für die geistig-emotionale Entwicklung sehr wichtig. Einem Kind Handy, Tablet und Fernseher bereitzustellen hat weder etwas mit Liebe noch mit Ent-wicklung und Ent-falt-ung zu tun.

67 Der Schlaf eines Kindes darf nie durch Medienunterhaltung oder andere Missbräuchlichkeiten des Nachts gestört werden

Fernsehen der Eltern des Nachts, wenn sich schlafende Kinder im Raum befinden oder andere Laute stören den gesunden Schlaf eines Kindes, da das Unterbewusstsein das am Tag Erlebte verarbeitet. Bliebe Erlebtes unverarbeitet, könnte es sich evtl. später als Blockade oä zeigen.

68 Jedes Kind hat das Recht auf ein eigenes Bett

Jeder Mensch hat eine eigene Intimsphäre. Auch ein Kind. Jeder Mensch braucht ausreichend Platz für einen gesunden Schlaf. Auch ein Kind. Ein Ehebett heißt Ehebett, weil sich darin die Eltern erholen. Im Kinderbett erholen sich Kinder.

69 Jedes Kind hat das Recht auf Rückzugsmöglichkeiten

Im Normalfall steht Familien heutzutage ausreichend Wohnraum zur Verfügung. Jedem Kind steht ein eigener Raum zu. Jedes Kind hat von Beginn an, genauso wie jeder Erwachsene, eine Intimsphäre, ein eigenes Energiefeld, eigene Interessen und Bedürfnisse.

70 Jedes Kind hat das Recht bei Trennung der Eltern, jeweils einen eigenen Raum bzw. Rückzugsort zu haben

Viele getrennte Elternteile leben durch überhöhte bzw. unangemessene Alimentezahlungen in zu kleinem Wohnraum, um dem Kind, wenn es sich bei ihm aufhält, ausreichend Rückzug und Ruhe zur Verfügung stellen zu können.

71 Kinder dürfen weder verhöhnt, noch Ironie ausgesetzt werden – dies verstehen sie nicht

Verhöhnung bzw. Ironie lässt Kinder an sich selbst zweifeln und baut Selbstbewusstsein ab.

72 Kinder sollten von Erwachsenen in ihr Selbstvertrauen geführt werden

Kinder sind ab Geburt im Urvertrauen. Dieses Vertrauen baut sich jedoch durch das Umfeld und das gesellschaftliche Bewusstsein der „Erziehung" schnell ab. Selbstvertrauen heißt: Vertraue Dir selbst. Kindern wird jedoch zu viel suggeriert, darauf zu hören, was andere sagen. Bringt ein Kind ab Geburt schon eine hohe Seelenreife mit, wird es sich kaum verbiegen lassen.

73 Zeit mit Kindern braucht ausreichend Geduld, Toleranz, Vertrauen, Ehrlichkeit, Freundlichkeit

Zumeist stehen Erwachsene selbst unter einem steten Druck, welchen auch sie sich von anderen auferlegen lassen. Fürsorge darf jedoch nie Druck unterliegen – dies überträgt sich wieder auf die Kinder. Geduld, Gelassenheit, Toleranz, Vertrauen, Ehrlichkeit, Respekt, Würde und Freundlichkeit sind Basis für ein beidseitiges Miteinander und entspanntes Begleiten in das Leben eines Kindes.

74 Kinder dürfen eine ungehinderte Entwicklung genießen

Un-ge-hindert beginnt in ihrem Rhythmus. Im Babyalter wird dem Kind noch sein eigener Rhythmus gewährt, bald darauf heißt es: Anpassung. Das Kind muss sich den Bedürfnissen der Erwachsenen anpassen, jedoch fehlt zumeist die Reflektion des Erwachsenen, sich auch den Bedürfnissen des Kindes anzupassen. Dem Kind werden Blockaden, Ängste, vielleicht auch Stress und vieles mehr mitgegeben. Dies zeigt sich im Laufe der Entwicklung als Be-hinderung im späteren Leben.

75 Jedes Kind entwickelt sich anders, jedes Kind ist unvergleichbar

Auch dies ist gesellschaftlich noch sehr weit verbreitet, dass Kinder zu einem bestimmten Zeitpunkt bestimmte Dinge können müssen. Jedes Kind bringt eine eigene individuelle Seelenreife, einen eigenen Rhythmus und eine eigene Entwicklung mit.

76 Kinder sollen alle Gefühle ausdrücken dürfen, damit sie mit ihnen umgehen lernen. Unausgelebte Gefühle blockieren das Gefühlsleben im Erwachsenenalter

Aggressivität im Erwachsenenalter beispielsweise zeigt, das negative Gefühle in der Kindheit nie zugelassen werden durften bzw. durch die Erwachsenen verdrängt und unterdrückt wurden. „Indianer kennen keinen Schmerz" – ist ein sehr berühmter Satz, welcher überwiegend bei Jungen das Ausleben des Schmerzes in Form von Weinen z.B. verdrängen sollte. Wie klärt ein Erwachsener Mensch negative Gefühle, wenn

ihm dies in der Kindheit verwehrt wurde bzw. dadurch ge-
schürt wurden?

77 Kinder haben Bedürfnisse, welche von den Erwachsenen erkannt werden dürfen

Kinder sind Menschen. Menschen haben Bedürfnisse. Wie
ein Erwachsener auch Kinder. Neben essen, trinken und
schlafen noch unzählige mehr. Vielen Erwachsenen fehlt jedoch das Erkennen auch kindlicher Bedürfnisse im Alltag.
Sich selbst tut der Erwachsene sehr oft Gutes zu seinem Vor-
teil und vergisst, dass ein Kind evtl. ein ebenwertiges Bedürf-
nis hat. Unterdrückt man diese, können Süchte z. B. entstehen.

78 Kinder dürfen im Haushalt freiwillig mithelfen, jedoch nie gezwungen werden

Zwänge im Kindesalter können später zu Ablehnung oder
übersteigertem Verhalten führen. Kinder dürfen Aufgaben
mit Freude verrichten und sich daran ebenso ent-wickeln.
Zwingt man ein Kind zu Aufgaben, entsteht ein Abwehrver-
halten, im Rückschluss Stress auf allen Ebenen und eine Ver-
wicklung. Natürlich ist es jedoch immer möglich, mit wert-
schätzender und für vielleicht für das Kind wertvoller Kom-
munikation, es an Aufgaben heranzuführen.

79 Jede Phase in der Entwicklung eines Kindes beinhaltet eigene sowie mitgebrachte Erfahrungen

Bei jedem Menschen sind bei der Geburt schon Erfahrungen
abgespeichert, z.B. in den Genen und im Unterbewusstsein.

Jede Entwicklungsphase führt zu neuen Erfahrungen und wird ebenso abgespeichert. Jedes Kind hat dementsprechend eine individuelle eigene Entwicklung.

80 Kinder lernen durch zusehen

Und eigene Erfahrungen.......Sinne sind schon vor der Geburt ausgeprägt, so kann ein Kind z.B. gehörte Stimmen unterscheiden. Im Laufe ihrer Entwicklung lernen Kinder sehr viel über die visuelle Wahrnehmung aus dem Umfeld und machen dies nach. Sie sehen Positives und Negatives. Je nachdem, wovon mehr „gelehrt" wird, wird mehr angenommen. Eigene Erfahrungen entstehen auch durch Selbstbestimmtheit.

Die Gesellschaft steuert somit selbst weiterhin negative Lebenseinstellungen bzw. Gewalt oder das „Erwachen" der nachfolgenden Generationen in eine positive Lebenseinstellung.

81 Das Unterbewusstsein eines Kindes speichert jegliche Erfahrung, welche es durch seine Umwelt sowie vielmehr durch seine Eltern macht

Im Unterbewusstsein ist Einiges mehr abgespeichert, als Mancher zu glauben wagt. Eigenschaften oder Verhaltensweisen oder spätere Berufswege sind schon vorbeeinflusst. Dies ist erkundbar und lenkbar.

82 Kindern darf nie die Mutter entzogen werden durch Jugendämter, Gerichte oder den eigenen Vater (Ausnahme Notfälle)

Die Mutter ist schon vor der Geburt die wichtigste Person im Leben eines Kindes. Erfahrungen übernimmt das Kind von der Mutter. Zwischen Mutter und Kind besteht eine enge psychosomatische Verbindung.

83 Mutterentzug kann zu schweren psychosomatischen Störungen schon nach kurzer Zeit führen

Natürlich nicht NUR der Entzug der Mutter, jedoch in solchen Fällen zeitig erkennbare Störungen, z.B. die ständige Suche nach einer weiblichen Bezugsperson – die Tragweite erkennt man erst viel später.

Die Natur hat mit Verlaub selbst gewählt, was wichtig ist und der Mensch wendet sich tlw. gegen seine eigene Natürlichkeit in sehr vielen Dingen. Gesellschaftlich wird dies wieder verdrängt.

Aus einer „Mutter" entsteht Neues und wird bis zur Reife behütet. Beispiele sind: Mutter Erde, Mutter Natur, Mutter Sprache usw. Das Bewusstsein bei Denjenigen, welche willentlich Kinder von der Mutter trennen, ist evtl. blockiert mit einem eigenen Elternthema.

84 Kindern darf der Vater nie durch die Mutter entzogen werden

Weil der Vater der andere Teil der Wurzel ist, aus welcher das Kind entstand. Das Kind kann in jedem Alter selbst entscheiden, wer ihm gut tut und wird dies auch kund tun. Der Entzug des Vaters durch z.B. die Mutter zeigt meist eigene Vaterthemenblockaden auf bzw. wird dem Kind ein Thema „übergezogen", womit es nichts zu tun hat.

85 Ein Kind braucht jedes Teil seiner Familie – Mutter, Vater, Großeltern, Geschwister, Tanten, Onkel

Jeder Mensch im Leben eines Kindes hat auch eine Aufgabe. Niemand hat das Recht, einem Kind, wegen eigener Probleme mit einer Person, diese Person vorzuenthalten (Individuelle Betrachtungen bei Gewalt z.B.). Jedes Familienmitglied oder auch andere Personen erfüllt eine Aufgabe und die kindliche Seele wächst an ihr.

86 Drängt ein Vater gerichtlich darauf, ohne erwiesenen Grund gegen die Mutter, auf das alleinige Sorgerecht bzw. Aufenthaltsbestimmungsrecht, ist bei ihm selbst ein psychischer Konflikt erkennbar – die Natur gab vor, weshalb eine Mutter die wichtigste Bezugsperson eines Kindes auf dem Weg in sein Leben ist

Es ist richtig, und gerade in der heutigen Zeit, dass beide Elternteile sich für die Fürsorge ihrer Sprösslinge verantwortlich fühlen. Dies schafft ein Gleichgewicht im Familiensystem. Sicher sind veraltete Vorstellungen von Familie oder Familiensystem noch im Wandel, jedoch dürfen Naturgesetze ihre Bestimmung behalten und somit bleibt die Mutter die wichtigste Bezugsperson eines Kindes.

87 Der immer noch gepriesene Satz „ein Klaps auf den Po schadet nichts" hat NICHTS mit Liebe zum Kind zu tun und zeigt nur den Schaden, welcher Derjenige davon trug, der meint, ihm hätte es auch nicht   geschadet

Genau im letzten Teil liegt DAS Detail. Gewalt fängt mit einem Klaps auf den Po an. Dies zeugt von einer absoluten Unreife des Erwachsenen, für ein Kind Fürsorge tragen zu können und schließt auf eine Blockade in der eigenen Kindheit. Spätere Hemmungslosigkeit dem Kind gegenüber ist vorprogrammiert.

88 Sein Kind zu lieben heißt, es so anzunehmen, wie es ist

„Liebe heißt Freiheit" und die Annahme der Persönlichkeit des Gegenübers. Auch ein Kind ist ein emotional vollwertiges Gegenüber. Kinder können nie wie Vater oder Mutter selbst sein, da sie mit einem eigenen „Ich" ausgestattet sind. Dies wird noch viel zu oft verkannt und den Kindern das eigene Leben „übergezogen", weil, man ist ja auch so „er(ge)zogen" worden.

89 Pubertät heißt Akzeptanz und Toleranz seinem Kind gegenüber, sich entwickeln zu dürfen

Obwohl JEDER Erwachsene einmal selbst diese Phase durchlebte, fehlt es dem gesellschaftlichen Bewusstsein jedoch zu einem hohen Prozentsatz an ausreichend Akzeptanz und Toleranz für diese Jahre der Jugend. Das Verständnis fehlt. Und auch das Wissen, das während der Zeit der „Pubertät" (ca. und individuell vom 10. Lj. Bis zum 20. Lj.) das Gehirn völlig neu strukturiert, teilweise komplett ab- und wieder neu aufgebaut wird. Damit wird Vieles erklärbar. „Pubertät" bedeutet übersetzt „Geschlechtsreife" und somit auch hormonelle Veränderung. Körper und Geist erfahren in dieser Zeit eine komplette natürliche Umstellung.

90 Das Schönste für ein Kind ist, wenn man mit ihm lacht

Lachen macht frei und jedes Lachen löst ein kleines Problem.

91 Kinder haben nie Schuld, sie sind ein Spiegel

Das Wort „Schuld" wird gesellschaftlich gern gesehen, jedoch ist es unerklärbar. Wer einem Kind eine „Schuld" zuweist, ist selbst „schuldig". Wer einer „Schuld" auf den Grund geht, sucht bei sich und findet die Ursache, denn das Kind spiegelt. Geht es mir gut, geht es dem Kind gut. Bin ich aggressiv, ist das Kind aggressiv. Kinder haben sehr feine ausgeprägte Antennen und empfangen Energien, welche für sehr Viele ungreifbar sind.

92 Wer Kinder ablehnt, lehnt sich selbst ab

Wer Kinder demütigt, anschreit, schlägt, Aggressionen zeigt, erpresst, bestraft usw., tut dies alles mit sich selbst. Denn – so, wie ich mich behandele, behandele ich auch ein Kind.

93 Behandele Dein Kind wie Dich selbst

Erwachsene, welche eine positive Lebenseinstellung mitbringen, Vertrauen sich selbst gegenüber, Respekt, Würde und Ehrlichkeit sich selbst gegenüber, handeln auch immer Kindern gegenüber so. Im Umkehrschluss ebenso.

94 Kinder brauchen Wurzeln und Flügel

Die wichtigste Voraussetzung, damit ein Mensch mit beiden Beinen im Leben stehen kann, ist, dass er weiß, wer seine leiblichen Eltern sind, denn diese sind seine Wurzeln. Besser noch, wenn es möglich ist, ihm so zeitig, wie möglich, gegenüber zu stehen.

Vorenthaltungen eines Elternteils kann z.B. Wankelmütigkeit oder Unentschlossenheit hervorrufen. Leibliche Eltern sind Teil des Kindes von der Zeugung bis zum Tod.

Flügel heißt Loslassen. Viel zu viele Kinder werden mit, durch eine „Erziehung", gestutzten Flügeln in ihr eigenständiges Leben geschickt ab dem 18. Lebensjahr, wenn sie Glück haben, leben jedoch nie ihr eigenes Leben, sondern den Überwurf von Vater und Mutter.

Immer noch gibt es Erwachsene, welche Kinder in der Familie festhalten, abhängig von ihnen sind bzw. Kinder abhängig von sich machen. Jedes Elternteil hat 18 Jahre Zeit, sich auf die Selbständigkeit bzw. den Auszug eines Kindes vorzubereiten.

Kinder sind nie unser Besitz, sie werden uns für eine Zeit lang „geborgt", um dann selbst ihren Weg zu gehen.

95 Kinder sind die Zukunft und der Spiegel der Gesellschaft. Wird ein Kind geschlagen, schlägt die Gesellschaft in Zukunft, wird ein Kind angeschrien, wird auch in der Zukunft der Gesellschaft geschrien. Wächst ein Kind mit Gewalt auf, ist auch die Zukunft von Gewalt geprägt.

Wird ein Kind jedoch geliebt, entsteht in der Zukunft Liebe in der Gesellschaft.

Fürsorge ist Liebe, Entwicklung, Spiegelung, Gratwanderung und Kunst und immer ein Blick auf sich selbst.

Nachwort

Das Junge, das Neue, strebt immer nach oben zum Licht und wird von unten getragen und genährt.

Ein neuer Trieb einer Pflanze wächst nach oben und wird von der Mutterpflanze getragen und genährt. Dieser neue Trieb bleibt so lange an der Mutterpflanze, bis er kräftig genug ist, selbst zu wurzeln, sich zu ent-falten, vielleicht größer und schöner zu werden. Vielleicht wird er auch veredelt....

Unsere Kinder streben nach oben – dem Licht entgegen – und sollten von den Eltern getragen und genährt werden.

Setzt Euch Eure Kinder auf die Schultern, stärkt sie aus Euch nach oben mit innerer Kraft, Gelassenheit und Mut.

Lasst sie in ihrer Liebe und in ihrem eigenen Willen.

Dann veredelt ihr.............................die Zukunft.

Anke Scheibel, Lutherstadt Wittenberg, 2019

Zeitfracht Medien GmbH
Ferdinand-Jühlke-Straße 7
99095 Erfurt, Deutschland
produktsicherheit@kolibri360.de